빙빙과 함께하는 감정돌봄 지침서

만화로 보는
감정돌봄

제2권 직장인편

김용수 저

학지사

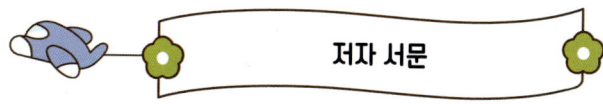

저자 서문

　최근 '감정노동(感情勞動)'이라는 말이 자주 쓰이고 있다. 백과사전적 의미로 '감정노동(感情勞動, Emotional Labor)'은 직업상 자신의 감정을 억누르고 정해진 감정표현을 연기하는 일을 말한다. 주로 고객을 직접 응대하면서 어떤 상황에서든 친절함을 드러내야 하는 서비스직 종사자들에 해당하는 노동 형태이다. 여기에서 고객을 직접 상대하는 판매직뿐만 아니라 사무직, 생산직, 공무원, 소방공무원, 교사, 군인, 경찰을 포함한 직장인 대부분이 감정노동자에 해당될 것이다. 나아가서 가사노동을 하는 주부와 가족관계 및 인간관계를 맺는 사람, 학업 및 관계 스트레스에 노출되어 있는 아동·청소년을 포함하여 모든 사람이 감정노동을 하고 있다고 판단된다.

　그런데 예전에는 크게 관심을 받지 못했던 감정노동이 왜 점점 더 큰 이슈로 등장하고 있는 것인가? 첫째, 회복 탄력성이 점차 낮아지고 있기 때문이다. 어느 외국인이 "한국 사람들은 집단 바쁨병에 걸려 있다."라고 하는 말에서 알 수 있듯이, 우리는 어린 시절부터 학창 시절을 거쳐 사회인이 되어서도 끊임없는 경쟁 체제에서 살아남기 위해 바쁘게 살고 있다. 그러다 보니 몸은 계속 힘들어지지만, 제때 제대로 쉬지 못하는 경우가 많아져 힘이 소진되는 일이 일상화되고 있다. 몸이 힘들어지면 마음도 힘들어진다. 심신의 피로가 쌓이면서, 신체뿐만 아니라 심리적으로 회복 탄력성이 떨어지는 결과를 초래하게 된다. 그리하여 가정과 직장에서 조그마한 자극에도 감정을 자제하지 못하거나, 심지어 본인도 놀랄 정도로 감정이 폭발하기도 한다. 성인뿐만 아니라, 청소년도 스스로 감정을 조절하지 못하고, 사회적으로 문제가 되는 행동을 저지르거나, 신체화된 증상 행동을 호소하는 경우가 자주 발생하고 있다.

  둘째, 대중매체의 발달로 인해 시각적으로 보이는 가치가 지나치게 높아지고 있기 때문이다. 최근 TV와 컴퓨터, 그리고 휴대폰 등에서 볼 수 있는 다양한 시각적 자극이 홍수처럼 엄청나게 쏟아지고 있다. 잠시라도 사람들의 주의를 끌기 위해 온갖 기발한 아이디어와 함께 사람들의 고정관념을 깨는 깜짝 영상들까지 종종 등장하고 있다. 마치 어떤 방법을 사용하더라도 사람들의 관심을 끌려는 데에 몰두하는 '감정경매사회'가 되어 버린 것 같다. 이러한 사회현상 속에서 청소년을 포함해 일반 성인까지 타인에게 보이는 가치가 중요하게 되어 버렸다. 그래서 청소년에게 연예인이나 유튜버 등 타인에게 인기를 끌 수 있는 직종이 각광받게 되었다. 그리고 타인이 자신을 어떻게 평가하느냐에 따라 마치 자신의 가치가 결정되는 것처럼 중요하게 받아들이게 되었다. 그리하여 혹시라도 타인이 나를 부정적으로 평가할까 전전긍긍 고민하고, 원하지 않는 말을 들었거나 부당한 대우를 받았을 때, 엄청난 심리적 괴로움을 겪게 되는 경우가 일반화되고 있다. "어떤 경우에도 나의 가치는 내가 결정한다." 이것이 진실이다.

　셋째, 어린아이부터 성인까지 두뇌 사용을 너무 많이 하고 있기 때문이다. TV와 컴퓨터 등을 사용하는 시간이 점점 늘어나고, 과다한 학교와 직장의 경쟁 상황, 나아가 다양한 문명의 이기들까지 현대인들은 더욱더 두뇌를 사용하는 것을 강제적으로 장려받아 오고 있다. 만약 여기에 제대로 적응하지 못하면 금방 사회에서나 가정에서 도태되거나, 역할 수행을 적절히 하지 못할 수 있다는 두려움에 점점 사람들이 봉착하고 있다. 두뇌를 많이 사용하면 할수록, 점점 사고의 중독에 빠질 뿐만 아니라 감정중독 상태에 빠지게 된다. 중독이란 자기 능력을 벗어나 스스로 그것을 조절할 수 없는 상태를 말한다. 그래서 생각하고 싶지 않지만 자꾸 생각이 돌아간다. 일상생활 중에서 심지어 식사할 때, 잠을 자려고 할 때도 그렇다. 이처럼 생각을 많이 하면 할수록 자동적 부정 사고(Automatic Negative Thought: ANT)를 하게 될 가능성이 증대되고, 그에 따라 부정적 감정이 만들어진다. 온갖 생각과 감정을 스스로 만들어 그 괴로움에서 벗어나지 못하게 되고, 심지어 다양한 심리적·신체적 증상과 사회적 문제행동을 일으키게 되기도 한다.

　넷째, 자기 자신, 특히 자신의 감정을 돌보는 방법에 대해서 체계적으로 배운 적이 거의 없기 때문이다. 어릴 적부터 부모님과 선생님을 포함한 어른들로부터 "자신을 사랑하라."는 말씀을 종종 들어 왔다. 그러나 구체적으로 어떻게 하면 자신을 사랑하는지를 배운 경험은 거의 없다. 왜냐하면 그분들도 그러한 경험을 가르쳐 줄 만큼 충분히 자신을 사랑하는 법에 대해 배운 적이 없거나 혹은 그와 관련하여 정리된 내용을 갖고 있지 못했기 때문일 것이라 판단된다. 대한민국에서 사는 우리는 끊임없이 무엇인가 "열심히 하라!"는 이야기를 많이 들어 왔고, 또 누군가에게 말하고 있다. 일제강점기와 전쟁을 거치면서 우리의 선조 세대들은 살아남기 위해 정말 열심히 노력하지 않으면 안 되었으며, 자신을 제대로 돌볼 틈도, 마음의 여유도 없었을 것이라 여겨진다. 그러나 현재 세대들은 앞 세대에 비해 물질적으로 다소 여유가 있을 수도 있지만, 과도한 경쟁과 타인의 시선을 지나치게 의식하는 사회적 가치 속에서 점점 회복 탄력성을 잃어 가고 있다. 이 과정에서 신체적·감정적 소진과 함께 자기 존중과 자기 사랑의 감소 현상이 심화되고 있지만, 스스로 자신의 마음을 효율적으로 돌보는 방법을 몰라 방황하다가 더욱 어려운 상황에 직면하게 되는 경우가 많아지게 되었다.

앞에서 언급한 현상들을 이미 경험한 서구 사회에서는 다양한 방안을 모색하고 실행해 왔다. 그중 미국 매사추세츠 의과대학의 Jon Kabat-Zinn 박사가 만성통증 환자들을 대상으로 실시해 온 마음챙김(mindfulness) 방식은 다양한 분야에서 관심을 받았고, 실제로 도입하여 실행해 오고 있다. 예를 들어, 의료, 상담심리, 교육, 복지, 경영, 군대, 정부기관 등 여러 분야에서 그 방식을 채택하여 활용하고 있다. 마음챙김(mindfulness)은 위파사나의 'sati'를 Jon Kabat-Zinn 박사가 영어로 의역한 것이다. 하지만 'sati'는 이미 우리나라에서 자각 혹은 알아차림이라는 용어로 충분히 활용되어 오고 있었다.

저자는 1990년대부터 자각(알아차림) 방식을 활용하

여 상담 및 프로그램을 진행해 왔으며, 2008년부터 현재까지 매년 등재지에 관련 논문을 투고하는 등 연구를 계속하고 있다. 한편, 일반인들이 그 자각(알아차림)의 원리를 보다 더 수월하게 습득할 수 있도록 『러블리 어텐션: 지친 내 마음을 돌보는 방법(학지사, 2018)』을 저술하고 지속적으로 프로그램을 실시해 왔으며, 이번에는 『만화로 보는 감정돌봄: 빙빙과 함께하는 감정돌봄 지침서』를 출간하게 되었다.

앞서 출간한 『러블리 어텐션: 지친 내 마음을 돌보는 방법』에서 자각의 원리를 설명하고 다양한 사례를 단편적으로 제시하였다면, 이 책에서는 가정이나 직장에서 어려움을 겪을 수 있는 감정 관련 이슈들을 중심으로 자각 방식에 기초하여 해결해 나가는 과정들을 구체적으로 제시하였다는 데 의미가 있다. 이 책을 통해 이슈별로 신체, 감정, 인지, 기억 자각 방식을 적절히 활용하여 문제를 해결해 나가는 모습을 보여 줌으로써 비슷한 어려움을 겪는 사람들에게 실제적인 도움이 될 것이라 기대한다. 이뿐만 아니라, 상담이나 교육, 코칭 영역에 종사하는 분들이나 조직의 관리자 역할을 하는 분들에게도 도움이 되길 기대한다.

빙빙(BeingBeing)에서 'Being'은 '지금 이 순간' '본래 모습' 혹은 '참 존재'라는 의미이며, 다른 또 하나의 'Being'은 '되기(becoming)'라는 의미다. 그래서 빙빙(BeingBeing)이란 '지금 이 순간 본래 모습 혹은 참 존재가 됨'을 의미한다. 자각을 하게 되면, 찰나 여유와 함께 찰나 지혜를 갖게 되는 효과가 있다. 감정이 불편한 순간, 자각을 통해 찰나 감정의 여유를 갖게 되면, 본래 모습 혹은 참 존재로 지혜를 발휘하게 됨으로써, 삶을 평화롭고 행복하게 영위할 수 있을 것이다. 이 책에서 감정

자각의 방식으로 제안한 "그분이 오셨네."를 전 국민이 하게 될 날을 기대하면서, 여러분 모두에게 평화와 행복이 함께하길 기원한다.

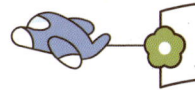 빙빙(BeingBeing) 캐릭터 소개

빙그레: 이 캐릭터는 그냥 '빙그레' 웃는 것을 나타낸다. 혹시 여유가 된다면, 숨을 들이쉬고 내쉬며 '빙그레'하면 더욱 좋은 느낌의 상태를 경험하게 될 것이다.

그분이 오셨네: 이 캐릭터는 자신의 감정이 불편한 상태에 있음을 알아차리고, 그러한 마음 상태를 수용적으로 바라볼 수 있도록 하는 방안으로 '그분이 오셨네.'라고 생각하거나, 혹은 말로 표현하는 것을 나타내고 있다.

만들었구나: 불편한 감정의 바탕에는 대개 그 감정을 발생시키는 생각이 깔려 있다. 이 캐릭터는 자기 생각으로 인해 마음이 불편하게 되었음을 깨닫는 순간, '(내가 생각을) 만들었구나.'라고 생각하거나, 혹은 말로 표현하는 것을 나타내고 있다.

너였구나: 상황에 따라 과거의 기억과 이와 함께 저장되었던 감정이 올라올 때가 있다. 이 캐릭터는 이러한 기억과 감정이 함께 올라왔음을 알아차리고, 그 마음을 수용적 태도로 대하는 방법으로 '너였구나!'라고 생각하거나, 혹은 말로 표현하는 것을 나타내고 있다.

차례

- 저자 서문 / 3
- 빙빙(BeingBeing) 캐릭터 소개 / 9

제1부 박 팀장의 "왜 빨리 안 가는 거야!"

01 왜 이렇게 매번 짜증이 나지?	14
02 언제든지 또 와라!	23
03 박 팀장의 "너였구나!"	32
04 내가 만들었구나!	41
05 나쁜 사람이 되고 싶은 사람은 없어	50

제2부 콜센터 장한나 팀장 "같이해 볼까?"

06 장 팀장의 '나도 해 볼까?'	62
07 함께 호흡하고 미소를…	71
08 함께 "그분이 오셨네!"	80
09 우리 오빠를 닮은 죄	89
10 좋은 사람, 나쁜 사람	97
11 우리 모두 "그오네"	106

제3부 샌드위치 장 차장
"위에 치이고, 밑에 치이고…."

12	내가 무슨 샌드위치도 아니고!	118
13	장 차장의 변신	127
14	생각일 뿐!	136
15	잘해 보려고 하고 있잖아!	145

제4부 마트 판매원의
"점장 갑질에, 고객 갑질에…."

16	점장 갑질! 고객 갑질!	158
17	알아도 잘 안 되네!	167
18	끈적 자각과 뽀송 자각	176
19	분명하게 보이네!	185
20	사이다 발언	194

제5부 독종 강 이사의
"기초부터 차근차근"

| 21 | 독종 강 이사 | 206 |
| 22 | 기초부터 차근차근 | 215 |

- 에필로그 / 226
- 참고문헌 / 228

제1부

박 팀장의
"왜 빨리 안 가는 거야!"

♥

박 팀장은 매사 마음이 조급하다.
전철을 기다리거나 운전을 할 때에도…….
그러다 보니 가정과 회사에서 항상 불안하고
짜증을 많이 내는 편이다.
박 팀장은 어떻게 해야 할 것인가?

01
왜 이렇게 매번 짜증이 나지?

전철이 왜 빨리 안 오는 거야?

<며칠 후>

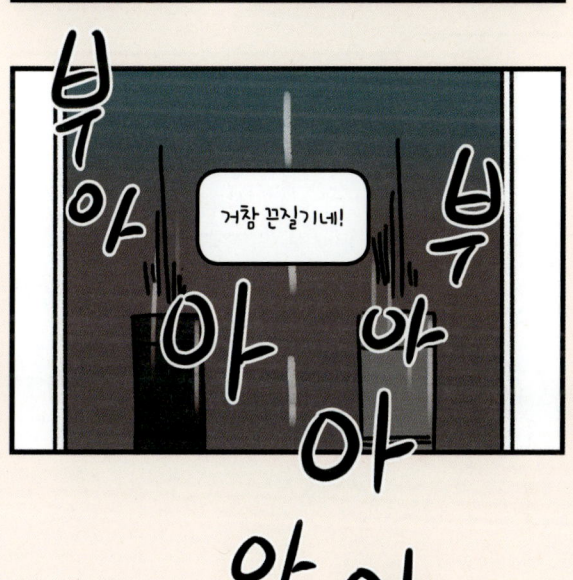

02
언제든지 또 와라!

04
내가 만들었구나!

모처럼 버스를 탔네.

늦는 건 아니겠지?

<며칠 후>

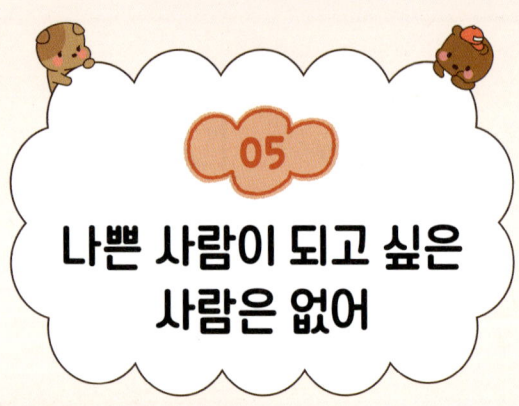

빙빙(BeingBeing)의 Tip!

　현재 우리나라 직장인들은 '집단 바쁨 병에 걸려 있다.'고 할 정도로 시간에 쫓기며 항상 불안하게 살고 있다. 박 팀장의 사례도 이에 해당된다. 박 팀장이 호흡과 빙그레 및 '그분이 오셨네.' 방식을 활용하여 자신의 마음을 다스리려고 하지만, 수시로 조급증과 불안한 마음이 올라온다. 왜냐하면, 강한 습관은 한 번에 다 고치기가 어렵기 때문이다. 마음이 불안하고 불편할 때마다 수시로 불편한 마음을 알아차리고 빙그레 호흡을 반복하는 훈련이 필요하다. 훈련이란 반복적인 노력을 통해 새로운 습관이 몸에 배이도록 하는 것이다. 그러한 노력이 쌓이면, 자신의 조급하고 불안한 마음의 근원을 파악하게 되고, 한발 더 나아가 순간순간 만들어지는 자신의 생각을 객관적으로 바라보는 지혜를 갖게 되기도 한다. 나중에는 스스로 자신감을 찾게 되고, 불안한 마음을 적극적으로 기다리는 여유를 갖게 된다.

직장인의 감정돌봄과 관련하여 자세한 설명을 원하는 분은 QR코드로 접속하여 동영상을 시청하세요.

콜센터 장한나 팀장
"같이 해 볼까?"

♥

콜센터에서 근무하는 장한나 팀장은 고객 응대와
관련한 다양한 문제뿐만 아니라,
부하직원들의 스트레스까지 처리해 주어야 한다.
그리고 동료와의 갈등까지…….

06
장 팀장의 '나도 해 볼까?'

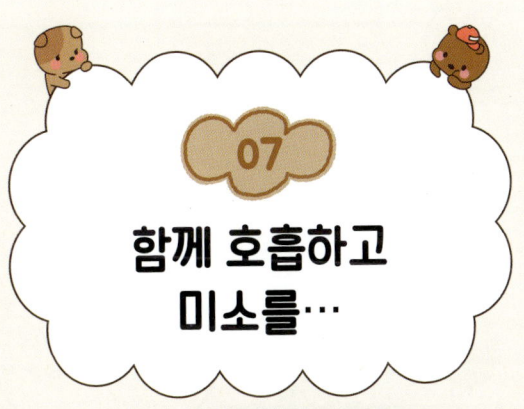

07 함께 호흡하고 미소를…

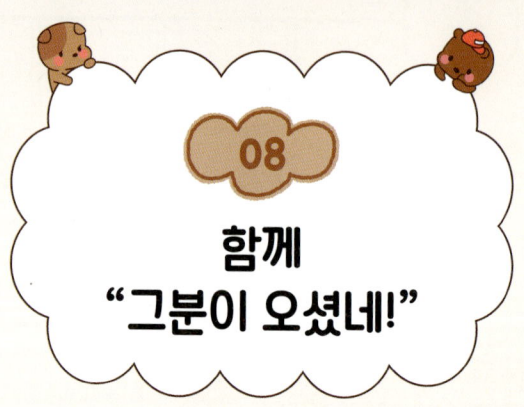

08
함께
"그분이 오셨네!"

09
우리 오빠를 닮은 죄

10 좋은 사람, 나쁜 사람

11
우리 모두
"그오네"

빙빙(BeingBeing)의 Tip!

'감정노동'이라는 말이 최근 유행하고 있다. 특히, 산업 현장에서 고객을 직접 응대하는 직종에 종사하는 근로자들이 '감정노동'으로 인한 스트레스와 고통이 심각한 것으로 확인되고 있다. 콜센터 종사자들이 바로 여기에 해당된다. 장 팀장과 팀원들의 사례에서 보듯이, '감정노동' 종사자들에게 호흡과 빙그레 및 '그분이 오셨네.' 등의 방식은 아주 효과적인 스트레스 대처 방법이 될 것이다. 그리고 직장 내 동료 관계 갈등에도 이 방식을 적용할 수 있다. 제1부의 박 팀장 사례처럼 제2부의 장 팀장도 자신의 불편한 마음의 근본적 원인을 파악하게 됨으로써, 갈등 관계에 있는 동료들을 긍정적으로 이해하게 되었다. 나아가 장 팀장은 자신의 문제를 해결하였을 뿐만 아니라, 관리자로서 자신이 활용한 방식을 부하직원들에게 적극적으로 전수하여 콜센터 직원들이 감정노동으로 인한 스트레스에서 벗어날 수 있도록 도와주고 있다. 이처럼 관리자 한 사람이 변화되면, 조직 전체의 변화를 가져오는 효과가 있다.

직장인의 감정돌봄과 관련하여 자세한 설명을 원하는 분은 QR코드로 접속하여 동영상을 시청하세요.

제 3부

샌드위치 장 차장의
"위에 치이고, 밑에 치이고…."

상사와 신세대 부하직원들 사이에서 업무를
수행해야 하는 장 차장은 이래저래 고민이 많다.
장 차장은 그 사이에서 겪는 문제를
어떻게 헤쳐 나갈 것인가?

12
내가 무슨 샌드위치도 아니고!

13
장 차장의 변신

자꾸 미소를 지을 때마다 좀 기분이 달라지네.

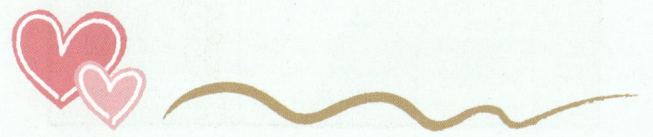

14
생각일 뿐!

15
잘해 보려고 하고 있잖아!

빙빙(BeingBeing)의 Tip!

　최근에 '낀 세대'라는 말이 유행하고 있다. 직장에서도 중간관리자들이 그러한 사례에 해당된다. 이들은 상사와 자기주장이 분명한 신세대 부하직원 사이에 끼어서 업무 스트레스에 관계 스트레스까지 가중되고 있는 것으로 보인다. 주인공 장 차장은 호흡과 빙그레 및 감정 자각을 반복적으로 시도하면서 서서히 스트레스에서 벗어나고 자신감을 찾게 된다. 이처럼 한 번에 다 바뀌는 것이 아니라, 가랑비에 옷 젖듯이 조금씩 변화가 일어난다. 자신감을 회복하고 상대에 대한 이해가 깊어질 수 있다. 이를 바탕으로 관계가 개선될 수 있으며, 나아가 업무에 대한 자신감과 효율성이 증대되리라 기대한다.

직장인의 감정돌봄과 관련하여 자세한 설명을 원하는 분은 QR코드로 접속하여 동영상을 시청하세요.

제 4 부

마트 판매원의
"점장 갑질에, 고객 갑질에…."

장한나 팀장의 사촌 언니는 대형마트에서
식료품 판매 업무 담당하고 있는데,
고객 응대의 어려움과 점장 및 경쟁업체 직원과의
갈등을 겪고 있다.
이러한 문제들을 어떻게 해결할 것인가?

16
점장 갑질! 고객 갑질!

아니 여사님! 오늘 행사인데 아직까지 상품 진열을 하고 있으면 어떻게 해!

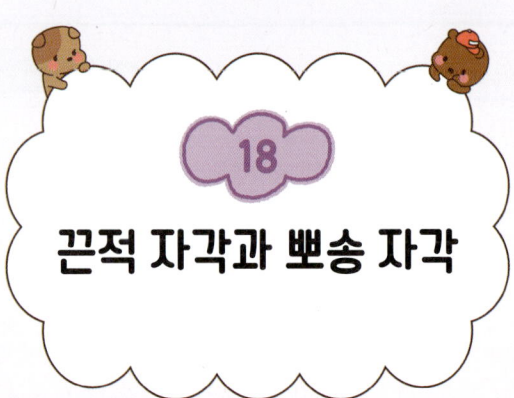

18 끈적 자각과 뽀송 자각

19
분명하게 보이네!

한나가 자기 전에,

또 자고 나서 하면 좋다고 했지.

먼저 얼굴 전체에 힘을 주었다가

풀어 놓고…

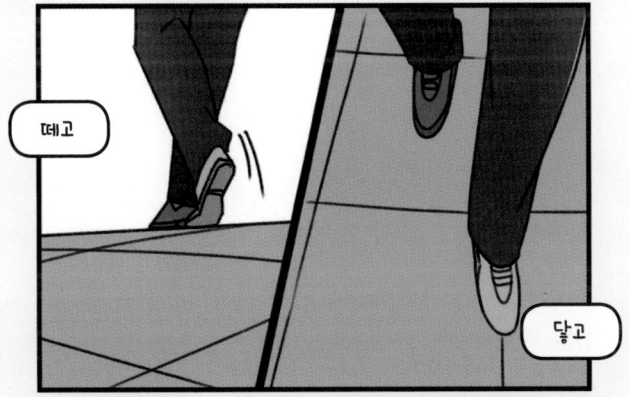

20
사이다 발언

빙빙(BeingBeing)의 Tip!

　고객을 직접 응대하는 '감정노동' 종사자 중 마트의 상품 판매직원들이 있다. 이들은 고객 응대 스트레스뿐만 아니라, 경쟁업체 직원과의 갈등 및 상사와의 관계 스트레스까지 경험하고 있다. 여기에서 주인공은 호흡과 빙그레 및 감정 자각을 활용하여 자신의 스트레스를 다스리고자 노력하고 있지만, 힘든 상황이 반복적으로 발생하니 실천의 어려움을 경험하고 있다. 이때, 호흡과 빙그레 웃음 및 걷기 자각 등은 기초 체력의 역할을 담당한다. 이완 효과뿐만 아니라, 주의집중력을 길러 주는 아주 좋은 방법이다. 그리하여 주인공은 점점 자각이 선명해지게 되고, 자신감을 회복하여 자연스럽게 자기표현을 효율적으로 하게 되었다. 이와 함께 업무 스트레스에서 벗어나, 업무의 효율성을 높이게 되는 모습을 보여 주고 있다.

직장인의 감정돌봄과 관련하여 자세한 설명을 원하는 분은 QR코드로 접속하여 동영상을 시청하세요.

제 5 부

독종 강 이사의 "기초부터 차근차근"

♥

강 이사는 IT업계에서 완벽주의적인 업무추진 성향으로 인해
스스로 엄청난 스트레스를 겪고 있을 뿐 아니라,
부하직원들에게도 계속 스트레스를 주고 있다.
이런 강 이사가 변화를 시작하고 있다.

21
독종 강 이사

22
기초부터 차근차근

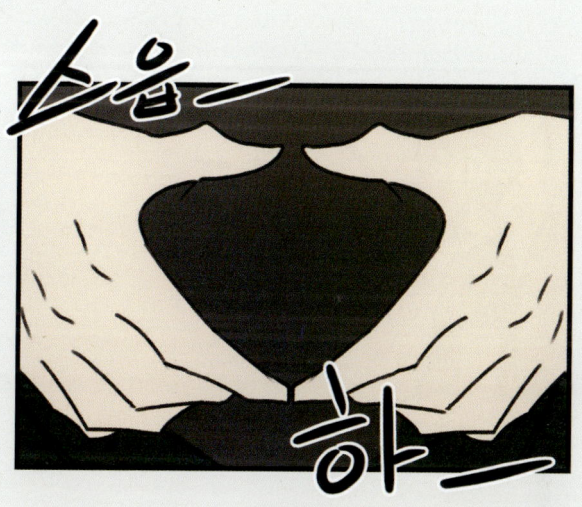

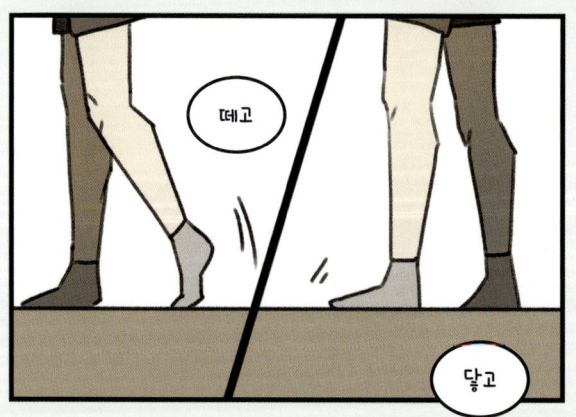

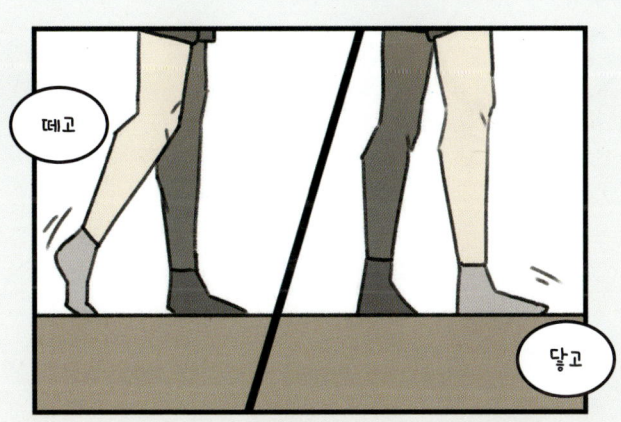

빙빙(BeingBeing)의 Tip!

　회사에서 직원들뿐만 아니라, 임원들도 엄청난 스트레스를 겪고 있다. 특히, 최근 IT업계의 경쟁은 정말 치열한 것으로 알려져 있고, 그만큼 임직원들의 스트레스가 가중되고 있는 것으로 보인다. 주인공 강 이사 또한 그런 스트레스와 함께 그로 인한 불면증에 시달리고 있다. 더구나 '독종'이라고 알려진 만큼 더 강한 스트레스를 겪고 있으리라 추측된다. 주도면밀한 강 이사는 기초부터 철저하게 자각을 훈련하는 모습을 보여 주고 있다. 강 이사가 겪고 있는 엄청난 스트레스 상황에서 이러한 접근 방식은 상당히 효율적일 것으로 판단된다. 세계적으로 유명한 거대 IT기업에서 자각 관련 훈련을 전사적으로 실시하고 있음은 이미 많이 알려져 있다. 여기에서도 "관리자 한 사람이 변화되면, 조직 전체가 변화된다."라는 말이 적용되리라 기대한다.

　이 책을 읽어 주신 독자분들에게 감사드립니다.

직장인의 감정돌봄과 관련하여 자세한 설명을 원하는 분은 QR코드로 접속하여 동영상을 시청하세요.

그동안 애독해 주신
독자 여러분께 감사드립니다.

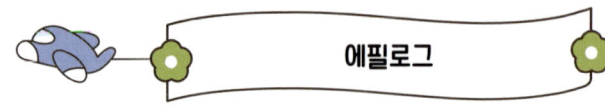

에필로그

그동안 『만화로 보는 감정돌봄(제2권 직장인편)』을 애독해 주신 독자분들께 감사의 마음을 전한다. 이 책의 마지막 제5부에서 최 이사가 기초부터 차근차근 준비하는 모습 이후의 내용에 대해 궁금증을 갖는 분들이 있겠지만, 이는 여러분의 상상에 맡기고자 한다. 다만 결국에 최 이사는 이 책에서 지금까지 제시하였던 네 가지 빙빙 캐릭터가 상징하는 호흡과 '빙그레' '그분이 오셨네' '만들었구나!' '너였구나!' 등의 원리를 적절히 활용하여 자신이 당면한 문제를 해소해 나갈 것이다.

이 책은 다양한 사례를 통해 자각(알아차림)에 기초한 네 가지 원리를 반복적으로 제시함으로써, 독자들이 스스로 감정돌봄을 할 수 있도록 조력하고자 저술되었다. 나아가 원리에 대한 이해를 돕기 위해 가족편에서는 저자가 직접 책의 내용에 대해 해설해 주는 동영상을 촬영하여 제공하였고, 직장인편에서는 네 가지 원리와 관련한 저자의 강의 동영상을 추가적으로 제공하였다. 여기에서 한발 더 나아가 청소년과 일반인의 자각 증진을 돕기 위한 훈련용 게임 애플리케이션(이하 앱)으로 '빙빙(BeingBeing)'을 개발하여 내놓게 되었다. 자각, 알아차림, 마음챙김 등의 주제와 관련하여 단지 일방적인 전달이 아니라, 게임 방식을 활용하여 상호작용 학습이 일어나도록 시도한 앱은 '빙빙(BeingBeing)'이 거의 세계 최초일 것이라 생각한다. 그리하여 사람들로 하여금 만화 사례와 동영상, 게임 앱을 포함한 세 가지 매체를 종합적으로 활용하여 자신의 감정을 효과적으로 돌볼 수 있도록 조력하고자 한다.

수년간 함께 고민하며 만화를 제작해 준 박용희 작가와 동영상 촬영 및 편집에 도움을 준 정재석 박사에게 감사를 전한다. 또한 이 책의 출판을 허락해 주시고 다양한 지원을 아끼지 않으신 학지사 김진환 사장님과 학지사와의 인연을 지금까지 이어 주고 있는 한승희 부장님께 감사드린다. 그리고 이 책의 출판을 위해 애써 주신 김순호 이사님과 꼼꼼하고 자상하게 교정하고 챙겨 주신 편집자 김지수 님을 비롯한 학지사의 모든 분께 고개 숙여 감사드린다.

저자는 평소에 소속 공동체의 운영 수칙으로 "첫째, 나부터 행복하자. 둘째, 우리끼리 잘 지내자. 셋째, 그 힘으로 주위를 행복하게."라고 주장해 왔다. 이처럼 가족과 직장인들이 만화와 동영상과 앱을 활용한 감정돌봄을 통해 먼저 자신부터 행복하고, 구성원들과 잘 지내며, 그 힘으로 하고 있는 일들을 더욱 신나고 효율적으로 수행하길 기대한다. 나아가 전 국민이 '빙그레' '그분이 오셨네' '만들었구나!' '너였구나!' 등의 감정돌봄 원리를 애용하는 날이 오기를 꿈꿔 본다.

참고문헌

김용수(2008). 아동명상 프로그램이 초등학생의 스트레스 감소에 미치는 효과. 상담학연구, 9(2), 827-848.

김용수(2010). 알아차림 프로그램이 주부자원봉사자의 스트레스감소에 미치는 효과. 상담학연구, 11(3), 1351-1373.

김용수(2012). 정서알아차림이 교사들의 스트레스 감소에 미치는 효과. 정서·행동장애연구, 28(1), 277-308.

김용수(2013). 자각기반상담(Awareness Based Counseling) 모형의 구성과 적용. 2013년 제46회 통합 월례사례발표회 및 학술대회 자료집 (pp. 1-48). 한국상담학회.

김용수(2014). 알아차림 프로그램이 초등 교사들의 상위인지자각과 수용행동에 미치는 효과. 상담학연구, 15(2), 811-830.

김용수(2014). 통합예술치료를 활용한 자각증진 프로그램이 주부상담자원봉사자의 스트레스감소와 수용행동에 미치는 효과. 예술심리치료연구, 10(3), 181-200.

김용수(2015). 마인드플리스와 인지주의적 상담. 2015년 제9회 학술행사 마인드플리스와 상담의 만남 자료집 (pp. 89-122). 제주국제명상센터.

김용수(2015). 통합예술치료를 활용한 자각증진 프로그램에 참여한 상담수련생의 스트레스 지각경험에 대한 현상학적 연구, 예술심리치료연구, 11(4), 235-262.

김용수(2018). 러블리 어텐션: 지친 내 마음을 돌보는 방법. 학지사.

김용수(2019). 인지·정서 알아차림이 상담전공 대학원생들의 스트레스에 미치는 효과, 학습상담연구, 8(1), 43-69.

김용수(2021). 정서행동 관심군 청소년의 자각증진 프로그램 참여 경험에 대한 현상학적 연구, 교육치료연구, 13(1), 121-142.

김용수(2023). 빙빙(BeingBeing) 게임앱. Goole play store. / Apple app store.

김용수, 김송이, 정찬구 (2018). 청소년 도박행동 경험에 대한 현상학적 연구. 상담학연구. 19(3), 159-181.

김용수, 김연옥 (2016). 인지행동상담에 기초한 노인우울 집단미술치료 프로그램의 효과. 예술심리치료연구, 12(1), 151-173.

김용수, 김인복(2016). 부부성장 집단상담 참여자의 경험 연구. 가족과 문화, 30(2), 1-37.

김용수, 김인복(2020). 재혼 부부의 부부친밀감 형성 경험 연구: 재혼 기간이 10년 이상인 부부를 중심으로. 한국가족관계학회지, 25(3), 37-59.

김용수, 김희정(2017). 중년 기혼여성이 지각하는 원가족 부모의 양육태도와 부부친밀감의 관계에서 부부의사소통의 매개효과. 한국가족관계학회지, 22(1), 41-62.

김용수, 박주영(2021). 아동기 정서적 학대와 대학생의 대인관계 간의 관계에서 초기 부적응 도식의 매개효과, 정서·행동장애연구, 37(1), 309-330.

김용수, 박현주(2009). 가족관계증진 프로그램이 장기수용자의 가족관계 스트레스 감소에 미치는 효과. 상담학연구, 10(1), 583-603.

김용수, 박현주(2009). 장기수용자가 지각하는 가족관계 스트레스의

분석. 예술심리치료연구, 6(1), 123-143.

김용수, 신애자(2016). 감사 연구동향 및 관련변인에 대한 메타분석. 상담학연구, 17(1), 149-168.

김용수, 신애자(2017). 중도지체 장애대학생의 장애수용 경험 연구. 특수교육학연구. 51(4), 115-141.

김용수, 한창균(2016). 두란노아버지학교 참여자 경험에 대한 현상학적 연구. 교육치료연구, 8(3), 469-492.

김용수, 함윤정(2015). 장애대학생의 사회적 지지와 진로결정 자기효능감과의 관계에서 자아탄력성의 매개효과. 특수교육재활과학연구, 54(4), 235-251.

김용수, 허선희, 신애자(2019). 근로시간 단축으로 인한 생산직 여성근로자의 불안경험 탐색. 재활심리연구, 26(4), 99-114.

김용수, 현성미(2017). 경계선 증후군 어머니의 대상관계 부모교육프로그램 참여 경험 연구. 열린부모교육학회, 9(1), 179-202.

김용수, 홍은진, 유주현(2021). 발달장애성인 미술치료 연구동향. 예술심리치료연구, 17(1), 131-157.

저자 소개

김용수(Kim, Yongsoo)

한국상담학회 초월영성상담학회장과 군경소방상담학회장 및 한국학습상담학회장을 역임하였다. 현재는 평택대학교 대학원 상담학과 교수로 재직하고 있으며, 한국자각기반상담연구회장으로서 활발히 활동하고 있다.

1990년대부터 자각(알아차림) 방식을 활용하여 상담 및 프로그램을 진행해 왔으며, 2008년부터 현재까지 매년 등재 학술지에 관련 논문을 투고하는 등 연구를 계속하고 있다. 한편, 일반인들이 자각(알아차림)의 원리를 보다 더 수월하게 습득할 수 있도록 삽화와 만화를 활용한 『러블리 어텐션: 지친 내 마음을 돌보는 방법(학지사, 2018)』을 저술하고, '러블리 어텐션' 프로그램을 일반인과 직장인들을 대상으로 계속 실시해 오고 있으며, 최근에는 누구나 그 원리를 재밌게 익힐 수 있도록 자각게임 앱 '빙빙(BeingBeing)'을 구글과 애플에 출시하는 등 자각(알아차림) 방식의 대중화에 많은 노력을 기울이고 있다.

빙빙의 감정돌봄과 관련하여 상담이나 코칭 또는 교육에 관심이 있으신 분은 QR코드로 접속하여 메모를 남겨 주세요.

만화로 보는 감정돌봄(제2권 직장인편)
-빙빙과 함께하는 감정돌봄 지침서-
Emotional Care Through Comics: A Guide for Emotional Care with BeingBeing

2024년 1월 20일 1판 1쇄 인쇄
2024년 1월 30일 1판 1쇄 발행

지은이 • 김용수
펴낸이 • 김진환
펴낸곳 • ㈜ 학지사

04031 서울특별시 마포구 양화로 15길 20 마인드월드빌딩
대표전화 • 02-330-5114   팩스 • 02-324-2345
등록번호 • 제313-2006-000265호

홈페이지 • http://www.hakjisa.co.kr
인스타그램 • https://www.instagram.com/hakjisabook

ISBN 978-89-997-3019-1 03810

정가 15,000원

저자와의 협약으로 인지는 생략합니다.
파본은 구입처에서 교환해 드립니다.

이 책을 무단으로 전재하거나 복제할 경우 저작권법에 따라 처벌을 받게 됩니다.

출판미디어기업 학지사

간호보건의학출판 **학지사메디컬** www.hakjisamd.co.kr
심리검사연구소 **인싸이트** www.inpsyt.co.kr
학술논문서비스 **뉴논문** www.newnonmun.com
교육연수원 **카운피아** www.counpia.com